Thomas Blanchard
Peggy Frey
Frédéric Michaud

Ce qui fait la pluie ...et le beau temps

salamandre

SOMMAIRE

SOMMAIRE

Pourquoi la **neige** est-elle *blanche* ?

▷ Elle reflète les rayons du soleil comme un miroir.

Eau congelée, la neige tombe sous forme de flocons lorsque la température avoisine 0 °C. En toute logique, comme la glace est transparente, la neige devrait l'être aussi. Pourtant, ce n'est pas ce que l'on observe lorsqu'elle recouvre le paysage d'un manteau immaculé. Faite d'une multitude de cristaux glacés, la neige cache le secret de sa blancheur dans sa composition.

Un élément primordial joue un rôle dans la teinte de la neige : la lumière et sa réfraction. Lorsqu'un rayon lumineux rencontre un cristal de glace, il le traverse et lui donne cet aspect transparent. Dans le cas de la neige, les cristaux de glace se heurtent et s'agglomèrent. La lumière ne va donc pas seulement les traverser, mais se retrouve déviée par un cristal, puis par un autre et un autre encore…

Au final, tous ces cristaux agissent comme des miroirs et se renvoient les rayons lumineux qui composent les couleurs de l'arc-en-ciel. La neige devrait donc être multicolore ? Eh bien non. Comme ils n'en finissent pas de se croiser, ces rayons de couleurs différentes forment finalement la couleur blanche.

Au fait, peut-il neiger dans le désert ? *Réponse p. 21.*

AH BON ?

L'immaculé du manteau neigeux contribue à sa survie. Le blanc de la neige va réfléchir les rayons du soleil beaucoup plus fort que si elle était noire. Ainsi, elle se réchauffe moins rapidement et agit comme un frigo en accentuant la baisse des températures. Le blanc manteau fond donc plus lentement grâce à sa couleur.

Peut-on être *aspiré* par une **tornade** ?

▷ **Soulevé du sol, oui, mais aspiré dans le nuage, non !**

La tornade est l'un des phénomènes météorologiques les plus violents et les plus dangereux qui soient. Elle se forme dans des orages supercellulaires où des rafales supérieures à 300, voire 400 km/h, peuvent être mesurées. Mais, contrairement à ce que l'on imagine, le souffle n'y est pas strictement vertical et ne s'oriente pas forcément de bas en haut. Concrètement, ces vents s'enroulent autour du centre de la tornade et tourbillonnent pour prendre progressivement de l'altitude.

Les objets, tout comme les humains, peuvent être soulevés puis emportés à grande vitesse… Mais sans être aspirés. Ils vont se retrouver rejetés et retomber au sol par gravité, quelques centaines de mètres, ou même kilomètres plus loin, lorsque la tornade perdra en intensité.

Aux Etats-Unis où les tornades sont très violentes, des maisons entières peuvent être déplacées de deux à trois kilomètres. Aspirer, le terme est trop fort pour décrire le phénomène. Le danger provient principalement des débris qui circulent à grande vitesse. La solution la plus sûre pour se protéger reste de se recroqueviller dans un abri souterrain.

AH BON ?

Comme pour la plupart des phénomènes météorologiques (vent, cyclone, tremblement…), une échelle a été créée pour classer les tornades en fonction des rafales relevées et des dégâts occasionnés. Il s'agit de l'échelle de Fujita. Ce classement comporte six catégories allant de dégâts légers, comme de simples branches cassées, à la destruction complète de bâtiments.

Pourquoi les **orages** produisent-ils des *éclairs* ?

▷ **Ils fonctionnent comme d'énormes générateurs de courant !**

Beaux et effrayants, les orages naissent dans d'immenses nuages sombres chargés d'électricité, appelés cumulonimbus. Composés de millions de gouttes d'eau et de cristaux de glace, ces épais nuages en forme d'enclume sont parcourus par des courants d'air verticaux ascendants et descendants. Ces flux désordonnés font entrer en collision les gouttes et les cristaux. Dans cette course folle, les frottements des particules génèrent de l'électricité statique qui s'accumule au fur et à mesure que le nuage grossit.

Comme dans une pile ou le plus et le moins s'opposent, les charges positives s'accumulent vers le haut du nuage et les charges négatives plutôt vers le bas. Lorsque la différence de potentiel entre ces deux charges devient trop importante, un éclair zèbre le ciel : c'est le coup de foudre. Le nuage perd alors de son potentiel électrique jusqu'à ce que le même mécanisme se reproduise, parfois très rapidement.

Le tonnerre, quant à lui, est une conséquence de l'éclair. Lors du coup de foudre, la température avoisinant l'éclat s'élève rapidement et peut atteindre 30 000 °C. Ce réchauffement soudain provoque une onde de choc qui se traduit par un son. CRAC, c'est le tonnerre !

AH BON ?

L'éclair et le tonnerre sont toujours décalés. Cela s'explique par une différence de vitesse. Celle de la lumière, 300 000 km par seconde, est plus rapide que celle du son, 340 mètres par seconde. Pour savoir à combien de kilomètres se trouve un orage, il suffit donc de diviser par 3 le nombre de secondes qui séparent l'éclair du tonnerre.

Comment les **nuages** font-ils pour ne pas *tomber* ?

▷ Le vent les maintient en l'air.

Ephémère, un nuage se compose essentiellement d'air, de vapeur et d'un nombre incalculable de gouttelettes d'eau. Même s'il paraît léger comme une plume, il pèse lourd et devrait logiquement tomber. Mais cela n'arrive pas car cet amas de vapeur d'eau est pris dans un système atmosphérique dynamique où les vents et les différences de pression et de température le maintiennent en altitude.

Très turbulent et instable, le nuage est parcouru par de nombreux courants d'air. Dans une balade infernale, ces flux transportent les gouttelettes les plus légères du bas vers le haut. Téméraires, certaines gouttes plus lourdes s'aventurent sous la nébulosité. Si la masse d'air avoisinante est trop sèche, elles s'évaporent instantanément pour redevenir vapeur.
En revanche, lorsqu'elles atteignent un poids plus conséquent, certaines gouttes d'eau finissent par tomber sous forme de pluie. Si effectivement le nuage ne tombe pas, il se désagrège en perdant certaines de ses particules. Et s'il ne se régénère pas, il disparaît.

Au fait, comment se forment les nuages?
Réponse p. 33.

AH BON ?

L'air et l'eau qui composent le nuage ont un poids conséquent. Les plus gros nuages, à savoir les cumulonimbus, peuvent peser plusieurs millions de tonnes. Rien d'étonnant quand on sait qu'ils ont une concentration en humidité beaucoup plus importante que les autres nébulosités.

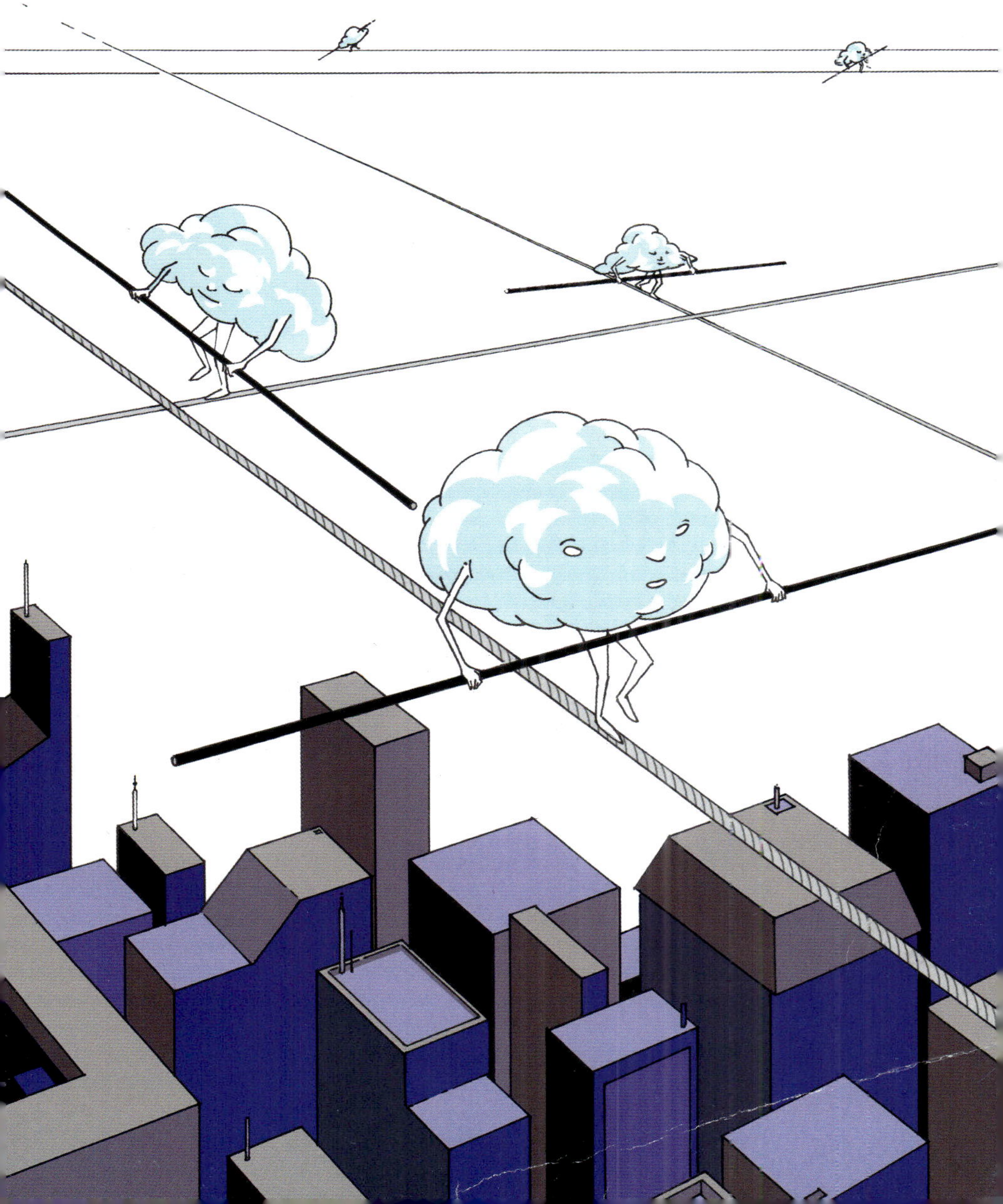

Pourquoi le **Sahara** est-il si *sec* ?

▷ Une ceinture de beau temps rend les précipitations extrêmement rares au-dessus de ce désert.

Anticyclones et dépressions rythment le climat de la Terre et font, littéralement, la pluie et le beau temps aux quatre coins du globe. Les premiers sont souvent synonymes d'un temps stable car l'air descendant qui les accompagne a tendance à s'assécher. Plus agitées, les secondes sont escortées d'un air ascendant où se forment des nuages et de la pluie.

Vers le tropique du Cancer, cette alternance climatique n'existe presque pas. Les perturbations porteuses de pluie se forment difficilement sous ces latitudes et il y pleut très rarement. Les hautes pressions dominent tout au long de l'année et empêchent la formation de nuages. Le désert du Sahara se situe justement dans cette ceinture de beau temps où la masse d'air demeure sèche et stable.

A l'échelle planétaire, on distingue plusieurs zones climatiques. Sous nos latitudes, anticyclones et dépressions sont assez mobiles et permettent la succession de périodes ensoleillées et maussades. De manière plus générale dans l'hémisphère Nord, les dépressions circulent au niveau de l'Europe de l'Ouest et de la zone équatoriale, amenant des précipitations régulières.

AH BON ?

Hormis la sécheresse et la chaleur, l'amplitude thermique influence aussi le climat du Sahara. Cette différence de température entre le jour et la nuit peut atteindre 40 °C lorsqu'il fait par exemple +46 °C le jour et +6 °C la nuit.

A quelle *vitesse* tombe une **goutte** de pluie ?

▷ A une rapidité qui varie de 7 à 36 km/h en fonction de sa taille.

Rapide pour les plus grosses, lente pour les plus petites, la vitesse de chute des gouttes dépend de leur taille, de leur poids et du type de pluie. Lorsque le ciel se décharge, l'eau qui s'échappe des nuages est soumise à deux forces opposées : la gravité, qui va l'attirer vers le sol, et la résistance de l'air qui la freine. Dans ce dilemme, la vitesse à laquelle tombe la pluie va dépendre du diamètre des gouttes.

Au moment d'un déluge, la taille des gouttes peut atteindre 6 mm de diamètre et elles s'abattent sur le sol à une trentaine de kilomètres par heure. Lors d'averses soutenues, leur chute avoisine les 25 km/h et ne dépasse pas les 15 à 20 km/h quand la pluie est fine. Parfois, pour un petit crachin, les gouttes tombent à une vitesse de 7 à 15 km/h, ce qui donne l'impression que la bruine flotte dans l'air.

Si les stations météorologiques mesurent surtout le volume de pluie tombée, elles relèvent peu la vitesse de chute des gouttes car aucun instrument ne permet de quantifier cette valeur en temps réel.

AH BON ?

Les précipitations parviennent très souvent à traverser les couches de l'atmosphère et à mouiller le sol. Mais parfois, lorsque l'air est trop sec, les gouttes s'évaporent en vol. Une ondée qui n'arrive pas à terminer sa chute s'appelle une virga.

Pourquoi le **ciel** est-il *bleu* ?

▷ Le bleu est le grand gagnant de la bataille des lumières !

Lorsqu'il fait beau, le ciel vu de la Terre prend une belle teinte bleue. Pour imposer sa couleur à la voûte céleste, l'azur se fait aider par trois éléments qui ont chacun un rôle primordial : le soleil, l'atmosphère et l'œil humain.

Blanche, la lumière solaire nous arrive immaculée après avoir mélangé toutes les couleurs de l'arc-en-ciel. Chacune de ces teintes présente toutefois une longueur d'onde différente.
C'est là qu'entre en jeu le second élément déterminant : l'atmosphère. Enveloppant la Terre, elle agit comme un filtre et ses molécules absorbent certaines longueurs d'onde du rayonnement solaire. Les plus courtes, celles du violet et du bleu, sont les plus diffusées par les petites mais très nombreuses molécules de l'atmosphère. Raison pour laquelle ces deux couleurs sortent gagnantes du filtrage des rayons lumineux.
Enfin, intervient un troisième élément : notre œil. Très peu sensible au violet, il préfère retenir le bleu qui ressort ainsi en priorité lorsque l'on regarde le ciel… sans nuage et de jour bien sûr.

AH BON ?

En début et en fin de journée, les rayons du soleil nous arrivent de façon oblique et doivent donc traverser une couche atmosphérique plus épaisse pour nous atteindre. A ces heures, l'air filtre les couleurs différemment et le ciel prend des teintes rouges et orangées.

Peut-on passer une **année** sans pluie ?

▷ Très localement, oui.

Le climat peut se montrer très particulier dans certains endroits du monde. La palme de l'absence de précipitations revient au désert d'Atacama, au nord du Chili. Cette région d'Amérique du Sud est considérée comme la plus sèche au monde et la ville d'Arica, la zone habitée la plus aride du globe. Ici, les chiffres sont étonnants. Rendez-vous compte, la pluie n'est pas tombée pendant quatorze ans, d'octobre 1903 à janvier 1918 !
La stabilité climatique exceptionnelle de ce bout de terre collé au Pacifique s'explique par différents facteurs. Elle résulte du jeu de courants marins froids qui empêchent la formation de perturbations et préservent en permanence un temps stable et sec.

Une autre zone, à l'extrême est du Sahara, entre le Soudan et le sud de l'Egypte, est également réputée pour sa sécheresse. Si les données météorologiques suivies manquent pour ce secteur, les observations satellitaires laissent clairement supposer qu'une très longue période sans pluie y est possible.

En Europe, sous nos latitudes tempérées, une année complète sans précipitations est impossible. Après le beau temps, une perturbation accompagnée de pluie finit toujours par arriver.

AH BON ?

Arica vit dans la sécheresse. Lorsqu'il y pleut, les dégâts sur des constructions à l'étanchéité douteuse peuvent être considérables. En 2011 par exemple, une petite averse de 3,4 mm de pluie, soit une à deux heures de pluie pour nous, a endommagé 1 500 maisons !

Peut-il *neiger* dans le **désert ?**

▷ Bien évidemment, et même dans les déserts les plus chauds.

Un climat désertique se caractérise par la rareté des précipitations et non pas par les températures qui y sont relevées. Il peut donc être froid comme chaud. Dans les déserts froids, voire polaires, de faibles précipitations peuvent tomber sous forme de neige. C'est le cas au nord de la Russie, au nord-ouest de l'Alaska ou encore en Antarctique.
En prenant l'exemple du désert de Gobi en Mongolie, le thermomètre flirte volontiers avec les -20 à -25 °C pendant la période hivernale. Malgré ces températures négatives, l'endroit est considéré comme désertique et il peut y neiger faiblement.

Le Sahara peut aussi recevoir exceptionnellement des chutes de neige, surtout pendant la nuit, lorsque les températures sont basses, voire négatives. Quand les conditions météorologiques sont réunies, les flocons s'invitent par exemple au sud de la Tunisie ou de l'Algérie. Comme ce fut le cas en janvier 2018. En altitude, il peut même neiger en Arabie saoudite ou dans le fameux désert d'Atacama *(voir p. 18)* !

AH BON ?

Etonné par la présence de flocons sur les sables du Sahara? Parfois, l'inverse se produit aussi, lorsque des masses d'air chargées de sable du désert remontent du sud vers le nord. Jusqu'au cœur des Alpes, on trouve alors des dépôts de sable sur les couches de neige.

Pourquoi certains **nuages** s'accrochent-ils aux *montagnes* ?

▷ Les températures plus basses en sont la cause.

La formation des nuages répond à un principe de base : chargé en humidité, l'air doux se condense dès qu'il rencontre un air plus froid. Dans ce jeu, les montagnes sont un atout supplémentaire et accélèrent le processus. En rencontrant un relief, le vent force l'air à prendre de l'altitude. En remontant le long des pentes, il va naturellement se refroidir. Mêlé à d'autres paramètres, ce refroidissement accentue la condensation et donc la formation d'un nuage appelé orographique car il est dû au relief.

Quand la situation météorologique n'évolue pas trop, un amas isolé de vapeur d'eau survit quelques heures et forme comme un chapeau au dessus d'un sommet.
Si le mauvais temps persiste, le massif agit comme un barrage. Les versants exposés au vent retiennent alors les nuages les plus denses, pendant que de l'autre côté de la montagne se forment des lenticulaires, ces nuages atypiques en forme de soucoupes volantes.
Si la situation météorologique continue de se dégrader, les nuages se multiplient et finissent par englober l'ensemble du massif montagneux.

Au fait, comment se forment les nuages ?
Réponse p. 33.

AH BON ?

Les vents qui remontent les pentes et favorisent la formation des nuages au sommet des montagnes permettent également aux humains comme aux animaux de voler. Parapentistes et oiseaux utilisent ces courants comme ascenseurs pour prendre de l'altitude et planer en toute quiétude.

Comment peut-on *prévoir* le **temps** ?

▷ **En observant attentivement ce qui se passe dans le ciel.**

Satellites, radars et stations météorologiques fournissent des millions d'informations sur l'état du ciel. A l'échelle du globe, ces outils collectent les températures, la présence d'anticyclones ou de dépressions, la direction ou encore la force du vent. Observer et compulser toutes ces données permet de prévoir le temps qu'il va faire pour les jours à venir.

Concrètement, les informations sont introduites dans des supercalculateurs. Pour établir leurs pronostics climatiques, ces ordinateurs tiennent compte de la physique des nuages, de l'écoulement de l'air ou de la mécanique des fluides. A partir de ces données, ils simulent les tendances météo sous forme de cartes. Relativement fiables d'un jour à l'autre, les prévisions deviennent de plus en plus aléatoires sur le long terme. En effet, plus on avance dans l'avenir, plus les scénarios possibles se multiplient.

C'est là qu'interviennent les météorologues. Grâce à leur expérience et leurs connaissances, ces spécialistes interprètent les cartes avant de déterminer l'alternative climatique la plus probable. De cette interprétation ressort une prévision qui n'est jamais certaine mais résulte d'un choix parmi plusieurs options.

AH BON ?

On entend très souvent dire: « A la météo, ils se trompent tout le temps. » Tout dépend de la qualité des prévisions consultées. Les basiques disponibles sur smartphone sont la plupart du temps le résultat d'applications automatisées, sans analyse humaine. Ces pronostics restent donc très hypothétiques.

D'où viennent les *couleurs* de l'**arc-en-ciel**?

▷ De la décomposition de la lumière du soleil.

En temps normal, la lumière émise par le soleil est blanche et résulte du mélange de toutes les couleurs existantes. Quand un rayon solaire traverse de l'humidité en suspension dans l'air, l'eau agit comme un prisme et dévie ce rayon en de multiples teintes. L'arc-en-ciel est prêt à faire son entrée en scène et ravir nos yeux. Car pour apparaître, il a besoin qu'il pleuve et que le soleil brille en même temps au-dessus de l'horizon.

A ce moment précis, les rayons vont se heurter aux gouttes de pluie qui réfléchissent l'éclat du soleil de plusieurs manières. Les différentes teintes composant la lumière blanche sont alors séparées. C'est ce qui nous permet d'apercevoir les sept couleurs de l'arc-en-ciel. Si notre œil est capable de distinguer le rouge, l'orange, le jaune, le vert, le bleu, l'indigo et le violet, en réalité, le bel arc multicolore se compose d'une infinité d'autres nuances. Mais notre vision humaine n'est malheureusement pas capable de les distinguer.

Au fait, pourquoi le ciel est-il bleu? *Réponse p. 17.*

AH BON ?

Vous pouvez créer un arc-en-ciel dans votre jardin. Pour cela, il suffit de prendre un tuyau d'arrosage et d'obstruer l'écoulement de l'eau avec votre pouce afin de créer une petite bruine. Placez-vous ensuite dos au soleil pour que la lumière traverse l'eau. Les rayons dispersés par les gouttes forment alors un petit voile multicolore.

Est-il possible de *faire* pleuvoir?

▷ En théorie, oui, mais les résultats restent décevants.

Des scientifiques tentent déjà de modifier artificiellement le climat pour éviter certaines catastrophes. Par exemple, ils peuvent dévier un orage de grêle qui menacerait des cultures. Dans les zones arides, ces magiciens du climat font parfois tomber la pluie. On nomme cette technique l'ensemencement des nuages.

Le principe est simple : il suffit de faire grossir artificiellement les noyaux de condensation, ces minuscules particules flottant dans l'atmosphère et autour desquelles viennent se fixer les gouttes d'eau. En introduisant dans le nuage des éléments artificiels, par exemple des cristaux de sel, la condensation augmente. Les gouttes vont grossir, prendre du poids et du volume et finir par tomber au sol sous forme de pluie.

La Russie, les Etats-Unis, ou plus récemment les Emirats arabes unis ont déjà testé la méthode et projettent des particules dans les nuages à l'aide d'avions. Toutefois, cette technique reste expérimentale et n'a pas les effets escomptés. Des scientifiques demeurent perplexes et estiment que l'impact sur les précipitations est minime, voire nul.

AH BON ?

Certains pays, en particulier ceux du golfe persique, veulent faire tomber la pluie car ils craignent de manquer d'eau potable. Comme la dessalinisation de l'eau de mer s'avère particulièrement coûteuse, ces Etats cherchent des solutions alternatives.

Pourquoi arrose-t-on les **vergers** lorsqu'il *gèle* ?

▷ Pour amoindrir les dégâts causés par les températures négatives.

Au printemps, si des gelées tardives et persistantes se produisent alors que les bourgeons des arbres fruitiers ont déjà éclos, ils peuvent geler. C'est une catastrophe pour le producteur qui perd alors tout ou partie de sa récolte.

Pour lutter contre le froid et préserver les cultures, les agriculteurs utilisent des techniques différentes. La plus efficace, celle de l'aspersion, consiste à humidifier constamment les plantations durant les périodes critiques. Cet arrosage crée un cocon de glace autour des bourgeons. A l'intérieur de ces glaçons, la température reste voisine de 0 °C mais ne descend pas plus bas, ce qui est supportable pour la plante.
Dans ces conditions, l'arbre ou la vigne ne gèlent pas. Et cela fonctionne même lorsque l'air ambiant est bien plus froid.

Pour préserver les fruitiers du verger, l'arrosage doit se poursuivre jusqu'à ce que le glaçon autour de l'arbre fonde. Et ce, même si les températures remontent car sinon les dégâts seraient encore plus dévastateurs.

AH BON ?

Il existe d'autres méthodes pour éviter le gel des cultures. Parmi les plus utilisées, on trouve les bougies ou chaufferettes placées dans les plantations. Pour éviter la dépose du gel, on peut aussi brasser l'air avec des éoliennes par exemple. Mais la technique de l'aspersion reste, pour l'instant, la plus efficace.

Comment *se forment* les **nuages**?

▷ Par refroidissement de l'atmosphère.

L'air que nous respirons se compose essentiellement de vapeur invisible. Sa richesse en eau varie en fonction de la température. Ainsi, lorsqu'il fait chaud, l'atmosphère stocke bien plus d'humidité que par temps froid.

Parfois, ces masses de températures différentes se rencontrent, ce qui provoque la saturation de l'air. Le surplus d'humidité va alors se condenser en minuscules gouttelettes d'eau autour des poussières amassées dans l'atmosphère. A force de se rassembler, elles finissent par former un nuage. Le même phénomène se passe quand l'air chaud qui s'échappe au-dessus d'une casserole d'eau rencontre l'air plus froid de la maison, ce qui forme un nuage de vapeur.
Dans la nature les masses d'air chaudes et froides peuvent se rencontrer de plusieurs manières. Par exemple lorsque l'une d'elles en provenance du pôle Nord se trouve en présence d'un anticyclone arrivant d'une région plus chaude. Ou encore, si un obstacle comme une montagne force l'air chaud à s'élever vers des zones plus frisquettes.

Au fait, qui a imaginé le nom des nuages? *Réponse p. 53.*

AH BON ?

63 % de la surface de la Terre est recouverte par des nuages. En raison de l'évaporation, ils sont bien plus nombreux au-dessus des océans qu'au-dessus des continents.

Peut-on *déclencher* la foudre ?

▷ Pas encore... mais des investigations sont en cours.

Une équipe de chercheurs franco-germaniques vient de valider une hypothèse selon laquelle en dirigeant des impulsions laser vers les nuages on pourrait tenter de frayer un chemin à la foudre. En réalité, leur souhait serait plutôt de la canaliser et de diriger ses impacts. On imagine sans peine le nombre de dégâts qui pourraient être évités si on arrivait à empêcher la foudre de tomber sur les zones sensibles ou habitées.

Le principe repose sur la technique suivante : la lumière intense du laser ionise l'air, c'est-à-dire qu'elle augmente sa charge électrique avant de créer un courant rectiligne qui dirige l'éclair à l'endroit voulu. En créant ce surplus d'énergie, le laser peut guider les décharges sur plusieurs centaines de mètres.

Réussie en laboratoire, cette expérience ne s'est pas encore concrétisée de manière convaincante sur le terrain. Les résultats dépendent aussi fortement de la robustesse du laser utilisé : plus il est puissant, plus les chances de créer et de diriger la foudre augmentent. Pourquoi ne pas imaginer alors récupérer l'énergie des éclairs ? Affaire à suivre...

AH BON ?

Comme on mesure la localisation et l'intensité des précipitations avec des radars, il existe également des capteurs pour repérer les impacts de foudre et leur fréquence. Ces données permettent au météorologue de suivre précisément l'ampleur et l'évolution d'un orage.

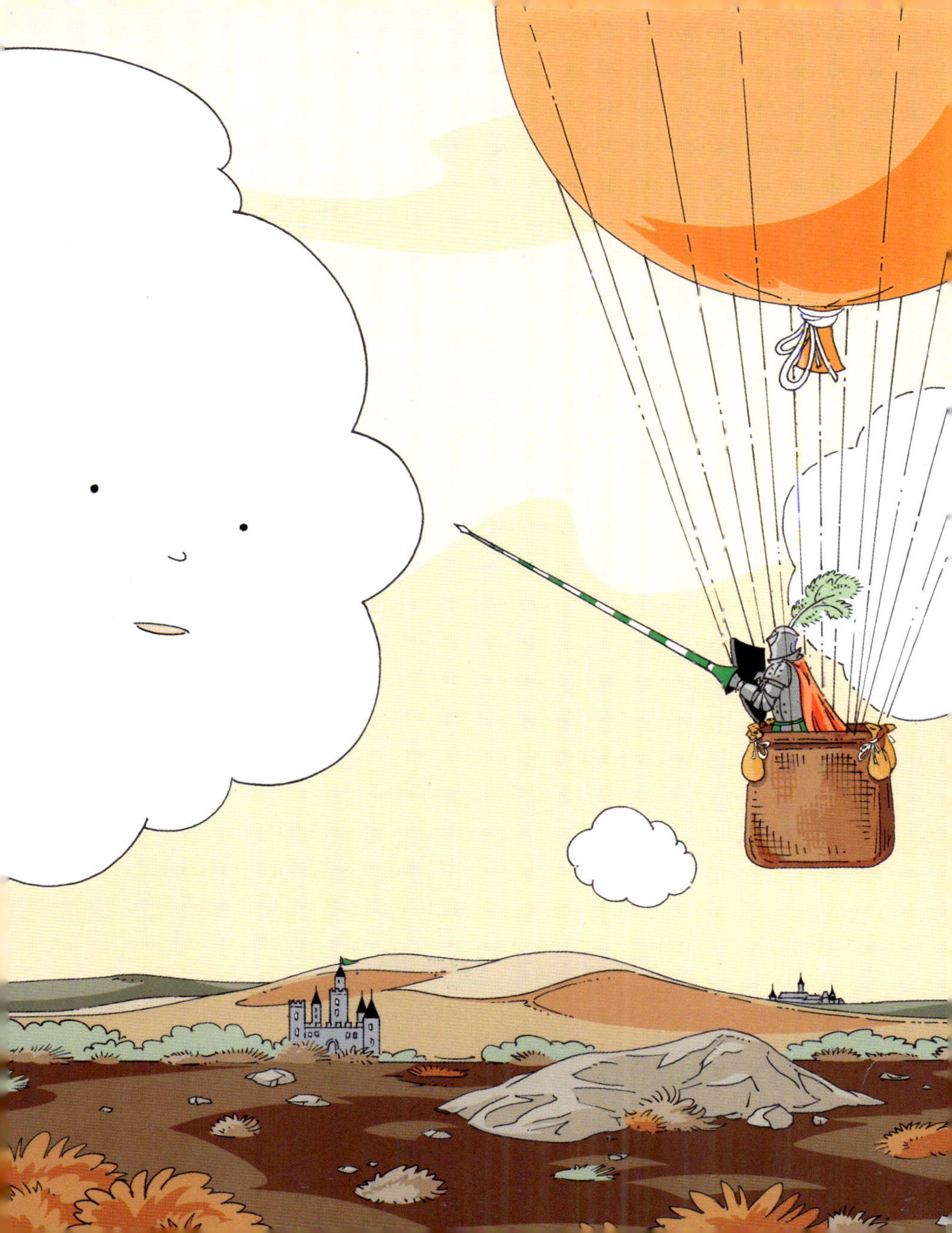

Quelle est la **région** la plus *chaude* de la Terre ?

▷ La palme revient à la Libye, avant de passer aux Etats-Unis puis à l'Iran.

Le sujet fait polémique au sein de la communauté scientifique. La température la plus chaude jamais relevée par une station météorologique est de + 58 °C à El Azizia en Libye en 1922.
Toutefois, l'Organisation météorologique mondiale (OMM), en charge de collecter les données météo au niveau planétaire, a contesté les conditions d'utilisation de la station à cette époque. Après des années d'investigations, un nouveau record a été validé en 2012, soit 90 ans plus tard !

S'établissant à + 56,7 °C, la palme de la température la plus chaude jamais enregistrée par une station météorologique revient maintenant à la ville de Furnace Creek en Californie (USA). Sans doute l'une des raisons pour lesquelles la région s'appelle la Vallée de la Mort.

Si d'autres endroits sur Terre enregistrent des températures extrêmement élevées, l'absence de station météorologique ne permet pas d'avoir des relevés fiables et normés. Toutefois, une campagne de mesure par satellite a permis d'identifier la région probablement la plus chaude du globe. Rien d'officiel, mais elle se situerait dans le désert de Lout en Iran où les valeurs avoisineraient les + 70 °C.

AH BON ?

La région la plus froide de la Terre se situe a contrario au pôle Sud. Sur le plateau Antarctique, les températures descendent fréquemment sous - 60 °C en hiver. Le record, - 89,2 °C, a été relevé en juillet 1983, sur la base australe de Vostok.

Le **vent** peut-il vraiment *rendre fou*?

▷ **Il agace plus qu'il ne rend fou.**

Partout sur Terre, le vent souffle. Par endroits, sa présence est plus marquée à certaines périodes de l'année. Dans les régions particulièrement exposées, il peut même se manifester intensément pendant de longues journées successives.

Sur la liste des vents les plus célèbres sous nos latitudes, on trouve le foehn qui souffle surtout en Suisse et en Autriche. Dans le sud de la France, la tramontane, le mistral et l'autan se partagent la vedette. Différents, ces vents ont pourtant un point commun, on les accuse de tous les maux! Problèmes de santé, maladies mentales ou incitant au suicide, ces fléaux seraient dus à Eole. En réalité, tout cela relève de la croyance populaire et aucun de ces faits n'est avéré.

Par contre, sur la durée, le vent tape sur les nerfs et peut irriter certaines personnes. Des neuropsychiatres, ont étudié le sujet et affirment que le vent *«énerve les biens-portants qui, confrontés à un désagrément passager, ressentent une gêne psychologique»**. Les bruits irréguliers ou les sifflements associés au vent en sont les causes principales.

Au fait, à quelle vitesse soufflent les vents les plus violents? *Réponse p. 46.*

AH BON ?

Non seulement le vent ne nous fait pas perdre la raison, mais en plus il nous rend bien des services pour dissiper la pollution, naviguer sur un voilier ou produire de l'énergie éolienne.

* Michel Escande, *La Dépêche*, 2013.

Comment *se forme* la **grêle**?

▷ Par le voyage incessant de la goutte d'eau au cœur du nuage.

Attention aux cumulonimbus ! Au moment d'un orage, c'est dans ces beaux mais dangereux amas cotonneux que se forment les grêlons. Dans ce dédale, l'air chaud en bas du nuage est a contrario très froid à son sommet. Les vents forts y font monter et descendre les gouttes d'eau. Lorsqu'elles parviennent en haut du nuage où règnent des températures négatives, elles vont geler et se transformer en billes de glace. Une fois qu'elles atteignent un certain poids, ces petites sphères gelées redescendent à la base du nuage avant d'être récupérées par un courant ascendant qui ajoute une couche de glace à l'existante.

Ainsi ballottées, pendant plusieurs heures parfois, les billes vont accumuler les épaisseurs de glace et grossir jusqu'à devenir un grêlon.

Plus les ascendances sont fortes, plus la particule reste dans le nuage et grossit. Lorsque le nuage ne parvient plus à supporter le poids du grêlon, ce dernier tombe et vient frapper le sol, causant parfois d'importants dégâts aux cultures, aux habitations et aux véhicules.

AH BON ?

En 2010 au sud des Etats-Unis, le plus gros grêlon jamais observé mesurait 20,32 cm de diamètre et 47,31 cm de circonférence pour un poids de 879 g. Le plus lourd, quant à lui, pesait 1,02 kg et a été découvert au Bangladesh en 1986.

Les **mirages** *existent*-ils vraiment ?

▷ **Oui, ces images vaporeuses ne sont pas des légendes.**

Ce phénomène optique très original est bien réel. Dans la mesure où l'on peut les prendre en photo, ces illusions ne sont pas une mauvaise interprétation de notre cerveau ou une hallucination.

Au loin, les mirages reflètent un élément existant et ils disparaissent lorsqu'on s'en approche. Sans le savoir, vous en avez probablement déjà observé. Repensez à ce moment où vous avez aperçu une flaque d'eau au loin, sur une route en plein été. En réalité, ce n'est que le reflet du ciel. Ou encore le célèbre mirage du palmier dans le désert. Cet arbre existe bel et bien quelque part derrière l'horizon. Mais c'est le reflet déplacé du palmier original qui est observé.

Ce phénomène optique mêle différents facteurs par des procédés complexes. Décortiquons les choses en reprenant l'exemple de la flaque d'eau sur le bitume. Premier facteur : le goudron de la route voit sa température augmenter bien plus rapidement que celle de la couche d'air située au-dessus. Deuxième facteur : les ondes lumineuses du soleil sont déviées lorsqu'elles rencontrent cette pellicule d'air plus chaud. Enfin, l'œil humain interprète les choses à sa manière et considère que le rayon arrive en ligne droite. Ce qui n'est pas le cas, mais donne l'impression que la flaque d'eau se trouve au sol.

AH BON ?

On relate souvent les mirages dans les pays chauds ou sous nos latitudes pendant l'été. Pourtant, ils existent également dans les zones froides. Ils se produisent par exemple sur une mer glaciale, un sol gelé ou encore la banquise.

Peut-on *mourir* de **chaud** ?

▷ **Oui, la chaleur est l'un des phénomènes météo les plus meurtriers.**

Inégaux sous le soleil, les êtres humains réagissent différemment au chaud. Si certains individus sont incommodés par une température de 30 °C, d'autres ne ressentent pas de gêne particulière avant que le thermomètre ne franchisse la barre des 40 °C. L'origine, l'acclimatation, la corpulence et l'âge influencent la tolérance d'une personne à la chaleur.

Conséquence de la déshydratation, les maux de tête, l'épuisement, ou encore les nausées sont quelques-uns des effets d'un coup de chaud. Pour s'en protéger, il convient de bien boire, de se couvrir la tête, d'éviter de faire trop d'efforts et d'essayer de passer un maximum de temps au frais, à l'ombre d'un arbre ou dans un endroit climatisé.
Les personnes âgées et les nourrissons sont plus vulnérables aux conséquences, parfois désastreuses, d'un coup de chaud. Dans les cas les plus extrêmes, le malaise est si grave qu'il entraîne la mort.
La canicule de 2003 aurait, par exemple, causé le décès de 70 000 personnes en Europe. Avec le changement climatique, le nombre de personnes exposées au risque de canicule mortelle augmente.

AH BON ?

Le froid tue aussi lorsque l'on s'expose longuement à des températures négatives sans équipement adéquat. Des vêtements chauds et une bonne alimentation sont primordiaux lorsque l'on est confronté à un épisode de grand froid. Mais soyez rassurés : certains peuples de Sibérie survivent à des hivers frôlant les - 40 °C !

A quelle *vitesse* soufflent les **vents** les plus violents ?

▷ **A plus de 400 km/h !**

Décoiffant la surface du globe, les tempêtes les plus puissantes sont celles associées à des tornades et des cyclones tropicaux. Les vents catabatiques, c'est-à-dire ceux provoqués par le dévalement d'une masse d'air froid le long des pentes d'un relief, s'illustrent aussi par leur violence et sévissent surtout sur les côtes antarctiques.

Lors du passage du cyclone Olivia en avril 1996, le record validé par l'Organisation mondiale de la météorologie fait état d'une rafale à 408 km/h à Barrow Island en Australie. Ces tempêtes, aussi appelées ouragans ou typhons en fonction du bassin océanique où elles sévissent, génèrent souvent des bourrasques supérieures à 200-250 km/h. Relativement éphémère et bien plus localisée, la tornade reste le phénomène météorologique le plus violent.

Les valeurs relevées sont souvent consignées à l'aide d'un radar météorologique monté sur un camion. Ces données ne sont donc pas enregistrées par une station implantée constamment sur un secteur. Cela dit, la rafale de 512 km/h observée au cœur d'une tornade en mai 1999 dans l'Oklahoma semble tout à fait plausible.

Au fait, peut-on être aspiré par une tornade ? *Réponse p. 6.*

AH BON ?

Si des rafales d'une violence extrême sont très rarement observées, il faut bien peu de chose pour que le vent nous déstabilise. On peut être déséquilibré dès qu'il atteint les 100-110 km/h et l'on a vraiment du mal à tenir debout à partir de 130 km/h.

Les **animaux** pressentent-ils les *variations* du temps ?

▷ Non, sauf à très court terme.

« Les vaches sont couchées… il va pleuvoir ! » Même si certains dictons font croire le contraire, les animaux, tout comme les végétaux, ne sont pas capables de prévoir le temps qu'il va faire dans les jours ou les semaines à venir. De telles croyances relèvent de la sagesse populaire et n'ont aucun fondement scientifique.
En revanche, tout comme les humains, les animaux sont dotés d'une sensibilité qui s'affine par l'expérience. Concernant les variations météorologiques, certains sont capables d'anticiper, à quelques minutes près, une potentielle évolution de l'atmosphère qui les entoure.

Prenons l'exemple d'une abeille. Sa perception sensorielle lui permet de réagir et de s'adapter à ce qui se passe dans son environnement. L'insecte ressent la lourdeur et la moiteur de l'air ambiant et comprend qu'un orage est sur le point d'arriver. Il évitera alors de s'éloigner de sa ruche pour butiner. Mais ces réactions de cause à effet se produisent seulement dans un laps de temps très court. N'attendez pas de votre chat qu'il vous prédise le temps du lendemain en fonction de son comportement ou de sa position de sommeil.

AH BON ?

Certains animaux ont un comportement cyclique influencé par la génétique et le rythme des saisons. Rien à voir avec la météo ou les conditions atmosphériques si le cerf perd ses bois chaque année entre février et mai !

Peut-on *survivre* à un **coup de foudre?**

▷ **Heureusement, oui.**

La foudre reste bel et bien le plus grand danger lié à l'orage et cause d'énormes dégâts. Son énergie et sa force ont des conséquences variées plus ou moins graves sur un être humain. Si les personnes touchées par un éclair gardent des séquelles, seules 15 à 20 % perdent la vie dans un tel accident.

Un individu peut être foudroyé de différentes façons. La plus dangereuse reste le coup de foudre direct qui traverse le corps humain de la tête aux pieds. En plus d'un stress post-traumatique, il peut causer de nombreuses lésions, des brûlures, des assourdissements ou parfois un aveuglement. Dans les cas les plus graves, lorsque la cage thoracique est impactée, l'arrêt cardio-vasculaire entraîne parfois la mort.

Par contre, il est totalement faux de croire qu'une personne foudroyée reste chargée d'électricité. Lui porter secours au plus vite est donc vital.
On parle de foudroiement indirect lorsque l'impact de la foudre se situe à proximité d'une personne. Si les conséquences sont moins catastrophiques, des traces de brûlures superficielles restent possibles.

Au fait, peut-on déclencher la foudre? *Réponse p. 34.*

AH BON ?

Lorsqu'un orage approche, pensez à vous mettre à l'abri dans un bâtiment, loin des fenêtres, en évitant de toucher tout ce qui conduit le courant. A l'extérieur, ne vous abritez pas sous un arbre et évitez de courir. Et n'oubliez pas, lorsque la pluie cesse, un impact de foudre peut toujours se produire.

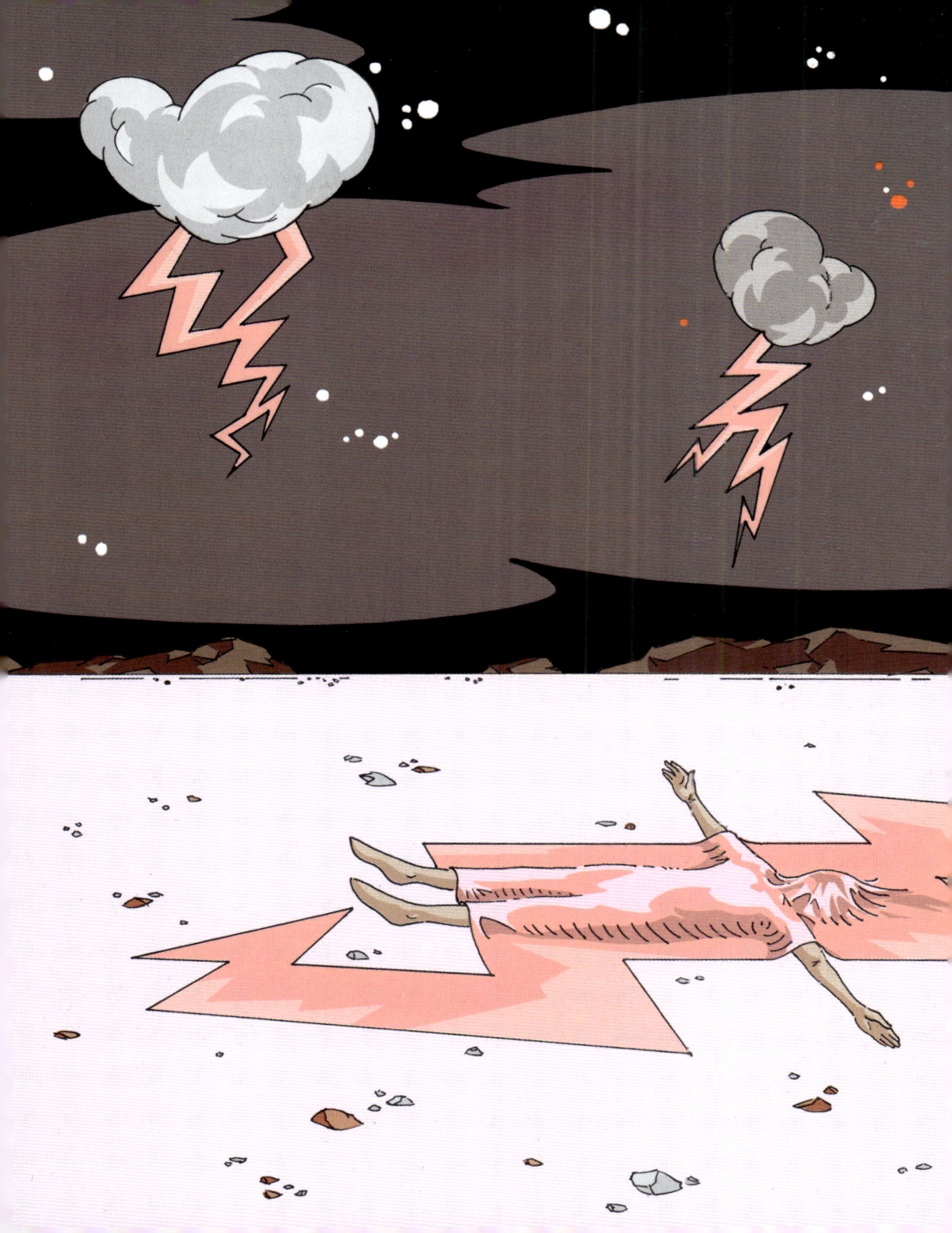

Qui a *imaginé* le nom des **nuages** ?

▷ Un certain Luke Howard.

Ce pharmacien anglais, devenu météorologiste de renom, a attribué des noms latins précis aux nuages en 1803. Ils ont été recensés dans l'*Atlas international des nuages*, publié la première fois en 1896.

Leurs aspect et altitude les classent en dix genres différents. A l'étage inférieur du ciel se trouve le stratus qui, complété par le mot cumulus, donne le stratocumulus, ce nuage relativement bas et étendu. A moyenne altitude, on utilise le préfixe alto, qui signifie haut en latin, pour nommer les altocumulus ou altostratus. Le terme cirrus, filament pour les Romains, décrit les nuages élevés situés au-delà de 5000 mètres. Déclinés en cirrostratus ou cirrocumulus, ils prennent effectivement la forme de fins cheveux.
Imposant, le cumulus désigne un amas proche du chou-fleur. Le nom de ce nuage au développement surtout vertical est complété par nimbus pour indiquer qu'il produit forcément des précipitations.

Devinette : à quoi ressemble un nimbostratus ? C'est un nuage très étendu, dont la base se situe à basse altitude et qui peut atteindre 8 km d'épaisseur. Il provoque des précipitations de pluie ou de neige sur des surfaces importantes.

Au fait, comment se forment les nuages ? *Réponse p. 33.*

AH BON ?

Le nom d'un nuage dépend partiellement de son altitude. Pour la mesurer, on peut s'aider des montagnes, des bâtiments ou du passage d'un avion dans le ciel.

Comment *se forme* le **brouillard ?**

▷ Comme les nuages.

Etre dans le brouillard, c'est comme se trouver à l'intérieur d'un nuage. Dans les deux cas, le même mécanisme se produit : de l'air doux entre en contact avec de l'air froid. Mais, contrairement au nuage qui se forme par la condensation d'un air chaud qui s'élève, le brouillard apparaît lorsqu'une masse d'air tempéré et humide en mouvement vient recouvrir une pellicule d'air frais stagnant à basse altitude. Ce phénomène sature l'atmosphère en humidité et la vapeur d'eau, jusqu'ici invisible, se condense pour former des bancs de grisaille. Ces nappes se nomment brouillard lorsque la visibilité est inférieure à un kilomètre, et brume lorsqu'elle se situe entre un et cinq kilomètres.

On peut rencontrer différents types de brouillard. Celui de pente se localise le long des reliefs de montagne. Celui d'advection s'observe lorsqu'une masse d'air chaud se déplace sur une surface froide, par exemple au-dessus des mers ou des océans. Le plus courant reste le brouillard de rayonnement. Il se forme lorsque les plaines et vallées sont plus froides que les versants des montagnes avoisinantes et qu'il y a très peu de vent. Parfois, les sommets émergent de cette grisaille, telles des îles dans une mer de nuages.

Au fait, qu'est-ce que la mer de nuages ? *Réponse p. 97.*

AH BON ?

Le brouillard givrant se forme lorsque les températures passent sous 0 °C. Des gouttelettes d'eau très froides gèlent alors au contact d'objets ou de végétation se trouvant au sol et les couvrent d'un petit manteau de glace. Attention au verglas dans ces conditions !

Les **nuages** annoncent-ils toujours la *pluie* ?

▷ **Non, pas tous.**

S'il faut bel et bien des nuages pour faire tomber la pluie, leur présence n'indique pas forcément qu'il va pleuvoir. D'ailleurs certains nuages se développent quand le temps est particulièrement stable.
Comme les stratus, ces masses cotonneuses très étendues parfois à l'origine d'une mer de nuages. En hiver surtout, ils envahissent une vallée ou une ville parfois pendant plusieurs jours sans faire tomber la moindre précipitation.

Autre exemple, le cumulus est souvent qualifié de nuage de beau temps. Amas sympathique en forme de chou-fleur, il se forme parfois par une belle journée d'été. Inoffensif, il décore l'azur du ciel et va apporter une ombre agréable lorsque la chaleur se fait accablante. Toutefois, si l'atmosphère est instable, le cumulus peut prendre de plus en plus d'ampleur verticalement et provoquer un orage.

En revanche, lorsque le ciel se charge de nuages et que le plafond continue de s'abaisser progressivement, il y a de fortes chances pour que la pluie ne soit pas loin. Mais la règle infaillible n'existe pas en météorologie.

AH BON ?

Les averses de pluie diluviennes s'observent sous les cumulonimbus. Mais, ce sont les nimbostratus qui amènent les épisodes pluvieux les plus durables sans que les précipitations soient forcément très violentes.

Pourquoi fait-il plus *froid* après l'orage ?

▷ L'air froid qui a contribué à créer l'orage prend la place de la chaleur.

La formation d'un orage, ou de n'importe quelle autre perturbation, nécessite un élément primordial : le contact entre air chaud et air froid. Une cellule orageuse classique est un énorme ascenseur parcouru par de nombreux courants ascendants et descendants.
Chauds, les courants ascendants se situent plutôt à l'avant de la perturbation. D'où cet effet de lourdeur et de moiteur qui précède la pluie. A contrario, les courants descendants plus frais et donc plus lourds, se trouvent en queue d'orage.

Cet air un peu plus froid est un élément indispensable à la formation de la cellule orageuse. Si la perturbation se nourrit de chaleur, l'arrivée de fraîcheur provoque le choc des masses d'air et sert d'étincelle à l'orage pour éclater. En déversant précipitations et éclairs sur son passage, la perturbation perd peu à peu son potentiel de chaleur et l'air froid prend le relais.

En outre, la pluie apportée est, elle aussi, rafraîchissante car elle provient d'altitudes plus élevées. Le mercure chute, parfois d'une bonne dizaine de degrés et le calme fait son retour.

AH BON ?

Savez-vous dans quels coins du monde on observe le plus d'orages en moyenne chaque année ? Vers le lac Maracaibo, au Venezuela, où les éclairs sont présents en moyenne 297 jours par an ! Cet endroit est considéré comme la capitale de la foudre sur Terre.

Comment connaît-on le *climat* de la **préhistoire** ?

▷ A l'aide des carottes !

La paléoclimatologie est une science qui permet de comprendre et de reconstituer le climat qui régnait jadis à la surface de la Terre. Ses méthodes s'inspirent beaucoup de celles utilisées en géologie. Par exemple, pour savoir quel temps il faisait en Antarctique autrefois, on va creuser la glace en profondeur pour y prélever un échantillon appelé carotte glaciaire.

Ce processus permet d'accéder aux différentes strates de glace accumulées pendant des millénaires. Piocher dans ce récipient givré pour en analyser les bulles d'air aide à identifier les climats passés. Cette expertise fournit des informations précises sur la température et donc sur le temps qu'il faisait à une période donnée.

Les pollens sont un autre indicateur des climats anciens. Ils sont nombreux dans les couches du sol de sites humides, et déterminent la variété de la végétation présente autrefois. Ils indiquent si l'ambiance climatique était plutôt fraîche ou chaude. Etudier les fossiles et sédiments présents au fond des océans est également une méthode utilisée par les scientifiques pour dénicher les secrets de l'histoire du climat.

Au fait, pourquoi la Terre a-t-elle connu des glaciations ? *Réponse p. 65.*

AH BON ?

Baptisée « glaciation de Würm », la dernière période de grand froid nous concernant s'est abattue sur l'arc alpin pendant la préhistoire. A cette époque, les endroits où se trouvent Lyon ou Genève aujourd'hui étaient recouverts par des glaciers. Commencé en - 70 000, ce coup de froid prit fin vers - 10 000 avant notre ère.

A quoi servent les *filets* à brouillard ?

▷ A récupérer de l'eau douce là où elle se fait rare.

Sur Terre, certaines zones très arides n'ont pas la chance de recevoir des précipitations suffisantes pour subvenir aux besoins en eau des hommes et de l'agriculture. Mais parfois, comme sur la bande côtière pacifique du désert d'Atacama, au nord du Chili, les jours de brume sont très nombreux. Là, des capteurs de brouillard récupèrent quotidiennement l'humidité des nuages pour la transformer en eau douce.

Mais comment ça marche ? Tendus sur les sommets des montagnes, d'énormes filets agissent comme des toiles d'araignée. Ils emprisonnent les gouttelettes de la rosée matinale et l'humidité de la brume poussée sur les versants par les vents marins. L'eau ainsi collectée ruisselle le long des mailles pour terminer sa chute dans un réseau de gouttières, avant d'être récupérée dans des citernes.

Dans les endroits où les brouillards sont les plus tenaces, chaque filet capte 50 à 100 litres d'eau par jour. Un appoint très utile pour la consommation de certains villages peu peuplés. Cette technique est aussi utilisée au Maroc, en Ethiopie et dans de nombreux pays d'Amérique du Sud.

AH BON ?

Collecter la pluie et s'en servir est un geste écologique et économique. Lorsqu'il pleut, une toiture évacue plusieurs centaines de litres d'eau. Stockée dans une citerne, elle peut servir à l'arrosage ou à l'alimentation de la chasse des toilettes.

Pourquoi la **Terre** a-t-elle connu des *glaciations* ?

▷ **Parce que le globe terrestre est en perpétuel mouvement.**

Il existe plusieurs facteurs pour expliquer les variations climatiques sur Terre et chacun agit à son échelle. Pour comprendre cette évolution sur des millions d'années, il faut s'intéresser à l'importance primordiale du mouvement du globe et à sa position. Car l'orbite de notre planète bleue évolue par rapport au soleil notamment, au cours de sa longue histoire.

En se modifiant, l'axe de rotation de la Terre change l'exposition de certaines parties du globe par rapport aux rayons du soleil. Niveau climat, cela s'est traduit par des changements de température positifs ou négatifs de l'ordre de cinq à dix degrés. Une différence énorme. Pour preuve, pendant les périodes les plus chaudes, le Groenland ou l'Antarctique ne formaient plus de calotte glaciaire.

Les variations de l'activité solaire, ou les éruptions volcaniques majeures ont aussi, chacune à leur échelle, une propension à faire évoluer le climat de la Terre. Sans oublier la teneur en CO^2 présente dans l'atmosphère. En produisant trop de ce gaz, l'homme modifie artificiellement le climat, entraînant son réchauffement.

Au fait, qu'est-ce que le réchauffement climatique ? *Réponse p. 103.*

AH BON ?

Comme nos pôles restent recouverts d'une calotte de glace, nous sommes bel et bien au milieu d'une ère glaciaire ! Plus exactement dans une période interglaciaire puisque le pic de froid a eu lieu il y a plus de 10 000 ans.

A quelle *altitude* les **nuages** se trouvent-ils ?

▶ **Du sol jusqu'à 20000 mètres au-dessus de la Terre.**

L'altitude des nuages dépend de leur type. Les plus élevés, les cirrus, se composent surtout de cristaux de glace. Circulant entre 5000 et 16000 mètres au-dessus de la surface de la Terre, ils voilent simplement le ciel ou masquent temporairement le soleil. Ainsi, le temps peut être couvert même au sommet de l'Everest.

A l'étage intermédiaire se situent les altocumulus ou altostratus, dont l'altitude est comprise entre 2500 et 6000 mètres. Plus près de la Terre, voire au contact du sol, évoluent les nuages bas et les brouillards. On rencontre les stratus ou stratocumulus sous la barre des 2500 mètres d'altitude.

La palme de ceux qui s'élèvent le plus grâce à leur développement vertical important revient aux cumulonimbus. Même si leur base est relativement proche du sol, leur sommet peut atteindre 18000, voire 20000 mètres d'altitude.

Une nuance toutefois : les hauteurs évoquées ici sont celles des nuages qui circulent à des latitudes moyennes. En effet, leur altitude varie en fonction de l'endroit où ils se forment sur la planète. Ainsi, les nuages ont tendance à être plus élevés autour des régions tropicales qu'en zone polaire.

AH BON ?

L'altitude des nuages aide à prévoir le temps. Etablis sous la barre des 2000 mètres, ils bouchent le ciel et indiquent une atmosphère calme et peu dynamique en altitude.
Plus élevés, ces nuages annoncent une dégradation, surtout lorsqu'ils se multiplient. Enfin, si un nuage grossit démesurément sans bouger, il peut annoncer un orage.

Comment mesurer le **vent** sans *instrument* ?

▷ En observant attentivement ce qui se passe autour de nous.

Mesurer précisément la vitesse du vent se fait à l'aide d'un anémomètre, trois demi-coquilles tournant autour d'un axe et dont la vitesse de rotation indique la force du courant d'air. La girouette permet, elle, d'en connaître la direction en se tournant dans le sens du souffle d'Eole. En l'absence de ces instruments, il est tout à fait possible d'évaluer la force et le sens du vent.

Pour connaître son orientation, il suffit de jeter une poignée de sable, un brin d'herbe ou un morceau de papier en l'air. Démasqué, le souffle transporte forcément l'élément dans la direction qu'il prend.

Concernant la force du vent, elle est évaluée par l'échelle de Beaufort. Cet outil se réfère aux effets observés sur divers éléments pour exprimer l'intensité du souffle en unités allant de 0 à 12.

Ainsi, si la mer est plate comme un miroir et que la fumée s'échappe d'une cheminée en montant tout droit vers le ciel, on considère que le vent est alors inférieur à 1 km/h, soit une force 0. Lorsque le souffle soulève des embruns sur une étendue d'eau et que le tronc des arbustes se balance, le flux avoisine les 30 à 35 km/h, soit une force 5. Lorsque les branches commencent à casser, le vent souffle au moins à 65-70 km/h, ce qui correspond à une force 8-9.

AH BON ?

Ne vous fiez pas aux apparences. Ce n'est pas parce que le vent souffle dans une direction au sol qu'il aura strictement la même orientation en altitude. Parfois il peut même totalement s'inverser et on parle alors de cisaillement. Lors d'une chaude journée, ce phénomène venteux favorise les orages.

Qu'est-ce que la **foudre** en *boule* ?

▷ **Une énigme scientifique intrigante.**

Avant d'expliquer ce phénomène, il faudrait s'assurer qu'il soit vérifié. Or, l'existence de la foudre en boule est loin de faire l'unanimité, même si de vieux écrits et d'anciennes gravures l'évoquent à plusieurs reprises.

Aujourd'hui, on répertorie peu de photographies convaincantes de cette curiosité météorologique. De plus, la plupart des clichés disponibles font l'objet d'erreurs d'interprétation : les boules de foudre observées seraient plutôt la conséquence d'un court-circuit sur des pylônes électriques ou tout simplement des mises en scène. Même constat sur internet, où l'on trouve toutes sortes de théories… et leur contraire.

Si ce phénomène était avéré, la boule de feu ressemblerait à une sphère lumineuse de plusieurs centimètres de diamètre. Comme une sorte de grosse ampoule, elle pourrait parfois éclater dans les airs lors d'un orage, accompagnant son explosion d'une odeur de soufre. Rares, de telles observations ont bel et bien été rapportées. Malgré la centaine d'hypothèses qui tente d'expliquer la cause de cet éclair, aucune n'est vérifiée scientifiquement.

Au fait, peut-on survivre à un coup de foudre ? *Réponse p. 50.*

AH BON ?

Lecteurs de bandes dessinées ? Dans l'album de Tintin *Les Sept Boules de Cristal**, la boule de feu qui entre par la cheminée et tournoie durant plusieurs minutes dans la maison s'inspire de témoignages relatifs à la foudre en boule.

* *Les Sept Boules de Cristal* - Hergé, Casterman, 1948.

Peut-on voir l'*œil* d'un **cyclone** ?

▷ Oui, en prenant de la hauteur.

Le regard du cyclone se dévoile visiblement sur les images satellites. Sur ces photos faites depuis l'espace, il représente le point central et la spécificité la plus reconnaissable de ce phénomène météorologique spectaculaire.

Des avions de l'Agence américaine d'observation océanique et atmosphérique (NOAA) ont déjà réussi à s'aventurer au cœur de l'œil ! Car, malgré son aspect tumultueux, ce secteur est une colonne de calme au milieu de la tempête. Dans cette zone centrale, le ciel est relativement dégagé, les vents très faibles et l'air sec. La pression atmosphérique y est très basse, atteignant parfois des records mondiaux. Autour, les conditions météo sont cycloniques : passé le « mur de l'œil », les éléments se déchaînent.
Là, dans un ciel sombre, les nuages orageux s'enroulent et se partagent la vedette avec de fortes rafales et des précipitations diluviennes.
Le diamètre de l'œil varie de 30 à 60 km. Lors d'un cyclone, ce cœur calme laisse quelques dizaines de minutes de répit aux populations touchées avant que les intempéries ne reprennent.

AH BON ?

Depuis les années 1950, les météorologues attribuent des noms aux ouragans et aux cyclones. Ils sont classés par ordre alphabétique, au fil de la saison. Parmi les plus connus sur l'Atlantique Nord, on se souvient de Katrina en 2005 qui avait dévasté La Nouvelle-Orléans ou encore d'Irma en 2017 particulièrement violent dans les Antilles.

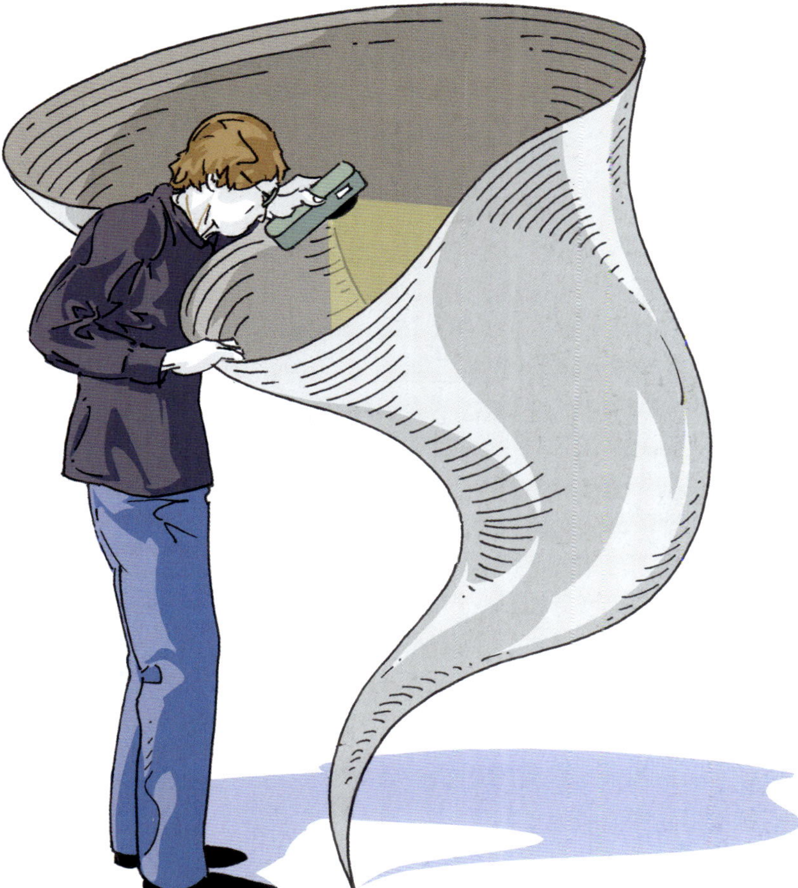

Les 40es rugissants *rugissent*-ils vraiment ?

▷ Ce phénomène reste un mythe, mais il cache une réalité climatique bruyante.

Les marins qui parcourent le monde sont formels : dès l'instant où ils entrent dans la zone des 40es rugissants, ils pénètrent dans une ambiance effrayante et agitée où il convient de redoubler de vigilance. Brassé par des vents violents, ce secteur se situe entre le 40e et le 50e parallèle de l'hémisphère Sud, à mi-chemin entre le tropique du Capricorne et les premières glaces de l'Antarctique.

Pour comprendre pourquoi les navigateurs redoutent cet endroit, il faut s'intéresser à la météo locale. Le conflit de masse d'air entre le froid du pôle et le souffle chaud provenant des tropiques donne naissance à des dépressions étendues et puissantes. Elles circulent autour du globe, au sud des océans Indien, Pacifique et Atlantique, un endroit où la masse terrestre est bien plus rare que dans l'hémisphère Nord. Les tempêtes se déplacent donc sans trouver le moindre obstacle et les vents moyens peuvent atteindre des vitesses de 50 à 100 km/h. En mer, les vagues frôlent parfois les 35 mètres de haut. Dans cette agitation météorologique, le vacarme est constant. D'où le nom de 40es rugissants. Pour autant, on n'a jamais entendu de cris de lions au cœur de ces océans.

AH BON ?

Au sud des 40es rugissants se trouvent les redoutés 50es hurlants. Hormis l'extrême sud du continent américain, seules quelques îles se trouvent à ces latitudes. On peut citer une partie de l'archipel de la Terre de Feu, la Tasmanie ou encore les îles Kerguelen. Il faut aimer le vent et l'humidité pour pouvoir vivre là !

A quelle température la **mer** *gèle*-t-elle ?

▷ Autour de -2 °C en moyenne.

En fait, tout dépend du taux de salinité de l'eau car le sel y agit comme un régulateur. Plus la mer est riche en sodium, plus sa température de congélation est basse. S'ajoutent à cela le courant et les vagues. Ce mouvement constant des mers et des océans ne favorise pas la formation de glace. De plus, la température ne s'abaisse pas de façon régulière dans cet environnement mouvant. Ainsi, le froid va agir uniquement sur la partie supérieure de la masse d'eau. La pellicule de glace se forme donc en priorité à proximité des côtes, dans les baies et enclaves maritimes où les eaux restent peu profondes. Lorsque toutes les conditions sont réunies, une banquise peut se former.

Les océans contiennent 35 grammes de sel par litre d'eau en moyenne, pour des valeurs comprises entre 18 et 58 g/l selon l'endroit.

Si l'eau de l'Atlantique, dont la salinité ne dépasse pas 30g/l, gèle à -1,8 °C, celle des mers enclavées comme la Méditerranée contient un pourcentage de sel plus élevé et gèle moins rapidement.

Au fait, combien de temps faut-il pour former une banquise ? *Réponse p. 83.*

AH BON ?

Une exception : la mer Morte contient environ 27,5 % de sel ! Il faut s'armer de patience et espérer des températures très basses pour la voir geler.

Quels **vents** ont permis de découvrir l'*Amérique* ?

▷ Les fameux alizés.

Le climat de la Terre est rythmé par une succession d'anticyclones et de dépressions. Dans certaines régions du globe, ces zones de hautes et basses pressions bougent peu et restent ancrées une bonne partie de l'année dans des lieux définis.

L'anticyclone des Açores, comme son nom l'indique, se plaît au large du Maroc et du Portugal. Autour de ce secteur de hautes pressions, les vents tournent dans le sens des aiguilles d'une montre. Pour trouver l'Amérique, Christophe Colomb s'est laissé pousser par ces vents du nord, à partir de l'Espagne, avant de longer la côte nord-africaine. Arrivés au sud de l'archipel des Canaries, les bateaux ont profité des vents d'est pour traverser l'Atlantique.

Peu à peu, l'expédition de Colomb est entrée dans la zone des alizés, les vents les plus réguliers de la Terre. Ils soufflent du nord-est vers le sud-ouest entre le tropique du Cancer et l'Equateur et permettent ainsi à un navigateur chevronné de rejoindre les Caraïbes.

Et pour le retour ? Les vents sont aussi favorables. Ils s'enroulent autour des anticyclones présents de la Floride aux Açores, formant, aux latitudes moyennes, un très profond courant d'ouest qui file tout droit vers l'Europe !

AH BON ?

Christophe Colomb a eu de la chance. Son expédition n'a pas rencontré d'intempéries majeures. Pourtant, le voyage s'est déroulé entre août et octobre, soit en pleine saison des ouragans dans l'Atlantique Nord. La trajectoire prise par les bateaux correspond d'ailleurs au trajet emprunté par ces tempêtes redoutables entre les côtes du Sénégal et le golfe du Mexique.

Est-il vrai que Noël au balcon Pâques aux tisons ?

▷ **Non, c'est loin d'être systématique.**

Désolé de décevoir les amateurs de croyances populaires : cet adage est totalement faux et n'a aucun fondement scientifique. Il est même possible de le prouver… Tout d'abord si on décortique le sens de cette phrase, elle sous-entend que si le jour de Noël est doux, celui de Pâques sera froid. Rappelons déjà qu'il est impossible de prévoir le temps au-delà de sept à huit jours. De plus, les statistiques sont claires : il n'existe aucune corrélation entre le temps de Noël et le climat de Pâques dont la date varie par ailleurs chaque année.

Réalisées par des organismes météorologiques nationaux, des études montrent qu'en moyenne si le jour de Noël a été doux, celui de Pâques est frais seulement une fois sur cinq, voire six ! Cette fiabilité de 15 à 20% reste clairement trop faible pour tirer des conclusions hâtives.

Toutefois, il convient de rappeler que ces dictons anciens ont été formulés à une époque ou la science météorologique était inexistante. Si on peut se les remémorer pour le folklore et pour la rime, il ne faut pas y voir une vérité immuable au risque d'être déçu.

AH BON ?

Qu'on se le dise, en matière de prévisions météorologiques, les animaux ne peuvent pas prévoir le temps et les dictons n'ont aucun fondement scientifique. N'attendez pas non plus de la nature qu'elle vous offre des signes pour savoir si l'hiver sera froid ou l'été chaud. L'épaisseur des pelures d'oignon n'a malheureusement jamais rien indiqué de véridique.

Combien de *temps* faut-il pour former une **banquise** ?

▷ **De longues semaines.**

Salée et tumultueuse, l'eau de mer a plus de mal à geler que l'eau douce d'un lac. Néanmoins, chaque automne et hiver, des banquises se forment lorsque les températures baissent.

Grâce au froid, l'eau de mer gèle et passe progressivement d'une phase liquide à une espèce de mélasse avant de se solidifier. Ce changement prend plusieurs semaines et commence en fin d'été lorsque les jours raccourcissent et que le mercure entame sa chute. Sur l'océan se forment alors des croûtes de glace qui grossissent peu à peu, s'entrechoquent et fusionnent à l'automne donnant naissance à la banquise. Durant la nuit polaire, ces jours d'hiver où le soleil ne se montre jamais, la banquise grossit. Comme rien ne vient contrarier sa progression, elle s'étend beaucoup plus rapidement et son ampleur maximale s'observe en mars.

On retrouve plusieurs sortes de banquises. La saisonnière, d'une épaisseur d'un à deux mètres, se forme chaque automne et fond dès que les beaux jours reviennent. La pérenne, atteignant cinq mètres d'épaisseur, résiste à la fonte estivale et persiste trois à quatre ans avant de dériver, emportée par les courants.

Attention à ne pas confondre les banquises avec les calottes glaciaires qui se forment sur un sol et sont présentes depuis des millions d'années. Parmi les plus connues on trouve celle qui recouvre l'Antarctique.

AH BON ?

L'état de la banquise est un indicateur du changement climatique. Les mesures effectuées par satellite indiquent que la partie pérenne de glace diminue depuis 30 ans.

Si l'**air chaud** monte, pourquoi fait-il *froid* en altitude ?

▷ La Terre emmagasine la chaleur du soleil.

La planète stocke constamment la chaleur en provenance du soleil. Le sol y joue un rôle d'accumulateur et réchauffe l'air qui nous entoure par rayonnement. Fort de quelques degrés supplémentaires, cet air s'élève comme une montgolfière.
Cependant un mécanisme plus puissant va contrarier ce phénomène et limiter le réchauffement des couches supérieures de l'atmosphère. Cela se ressent dès que l'on prend un peu trop d'altitude : l'oxygène se raréfie et il est alors plus difficile de respirer. Là-haut, la pression atmosphérique, c'est-à-dire le poids de l'air sur une surface, diminue. Et plus l'on grimpe, plus elle est basse.

Pour conserver le même volume, l'air se dilate et perd de la chaleur. Comme quand on ouvre la valve d'une chambre à air d'un vélo : le souffle s'échappant est plus frais. Logiquement, plus on s'éloigne de l'altitude zéro pour gagner des sommets élevés, plus l'air se dilate et se rafraîchit, et la chaleur rayonnée par le sol de la Terre faiblit. Il fait ainsi de plus en plus froid. On perd en moyenne 0,65 °C par montée de 100 mètres en altitude.

AH BON ?

La température ne diminue pas toujours avec l'altitude sur Terre. Lors de calmes journées d'automne ou d'hiver, on observe souvent des inversions de température où la douceur est appréciable en montagne tandis qu'il gèle à basse altitude. L'air froid, plus lourd, descend le long des pentes et se retrouve piégé sous l'effet de son propre poids en fond de vallées.

A quelle *vitesse* descend une **avalanche** ?

▷ **Entre 60 et 400 km/h.**

Cette vitesse est très variable puisqu'elle dépend du type d'avalanche. Les plus rapides sont celles de neige fraîche ou de poudreuse qui ne contiennent quasiment pas d'eau à l'état liquide. Le mélange de flocons et d'air qui les accompagne forme un nuage impressionnant appelé aérosol. Ces avalanches très dangereuses se produisent essentiellement après une importante chute de neige. Leur vitesse dépasse fréquemment 100 km/h, avec des pics atteignant 350 à 400 km/h !

Les avalanches de plaques proviennent, elles, de l'accumulation de neige soufflée à certains endroits. Ces amoncellements localisés alourdissent le manteau neigeux et provoquent le détachement de couches qui dégringolent la pente. Parfois, elles se déclenchent naturellement, mais ce sont souvent les skieurs hors-piste qui les provoquent. Si elles peuvent dévaler les pentes à plus de 100 km/h, elles dépassent rarement les 200 km/h.

Enfin, les avalanches de neige humide ou de fonte se produisent essentiellement au printemps ou lors d'un redoux au cœur de l'hiver. Semblables à une coulée de lave, elles ne dépassent pas 60 km/h en moyenne. Mais la neige humide et lourde provoque souvent de gros dégâts matériels et une érosion importante.

AH BON ?

Prudence en hors-piste. Pour éviter les accidents, les services météorologiques publient quotidiennement des bulletins évaluant le niveau de danger avalanches. Ces informations sont affichées dans les stations de ski. En cas de risque élevé, s'aventurer hors du domaine skiable peut être extrêmement dangereux.

Que signifie la présence d'un *halo* autour de la **lune** ?

▶ **Il est dû à la présence de cristaux de glace.**

Cette couronne brillante autour de la lune s'observe lorsqu'une partie de la lumière captée puis réfléchie par l'astre est déviée. Elle se heurte en fait à de l'eau en suspension dans l'atmosphère qui se présente ici sous forme de cristaux glacés.
Cette perturbation des rayons lumineux donne naissance à une couronne brillante. Le même phénomène s'observe aussi autour du soleil et se rencontre relativement couramment si l'on regarde le ciel.

Autrefois, cet anneau lumineux était perçu comme un signe précurseur de dégradation de la météo. Pourquoi ? Parce qu'il apparaît plutôt en présence de cirrostratus, ces fins nuages très élevés et étendus qui signalent la présence d'une humidité importante à haute altitude. Si parfois le temps peut se dégrader, cette prévision n'est pas fiable ni systématique.

Il existe plusieurs sortes de halos, plus ou moins communs. Celui le plus proche du soleil ou de la lune, nommé petit halo, s'observe souvent sous nos latitudes. Le grand halo, plus éloigné de l'astre, est, lui, bien plus rare. Il faut souvent gagner les régions polaires pour le rencontrer. Le mécanisme de formation est sensiblement le même si ce n'est que le rayon lumineux traverse des cristaux de glace dont la forme est différente, aboutissant à cet effet particulier.

AH BON ?

Les halos solaires, nommés parhélie ou faux soleil, sont des phénomènes encore plus étonnants. Sur le cercle créé par le halo on va trouver des petites taches lumineuses, sortes de répliques de l'image du soleil : éblouissant !

Peut-on vraiment *se perdre* dans le **blizzard** ?

▷ **Hélas oui.**

Abondantes chutes de neige soufflées par des bourrasques violentes, températures nettement négatives, le blizzard n'a rien de sympathique. Dans cette tourmente tempétueuse, la visibilité est extrêmement médiocre. A l'origine, le terme blizzard s'utilisait seulement en Amérique du Nord lors des terribles intempéries hivernales sévissant au Canada ou aux Etats-Unis. Puis son usage s'est répandu en Antarctique, dans la majeure partie des massifs montagneux et l'ensemble des pays nordiques.

Pour parler véritablement de blizzard, il faut que ces conditions météorologiques extrêmes durent au moins trois heures et soient associées à une visibilité inférieure à un kilomètre. Dans ce tumulte on peut rapidement perdre tout sens de l'orientation et s'égarer. Surtout lorsque le corps pioche dans ses ressources pour lutter contre le froid, nous faisant perdre progressivement toute lucidité. Sans repères visuels, on ne sait plus dans quelle direction l'on marche et parfois même si l'on monte ou l'on descend. Si on ne trouve pas rapidement un abri pour se protéger, les chances de survie sont minces.

AH BON ?

La température ressentie durant ces tempêtes est extrêmement basse. En effet, même si le thermomètre n'indique pas une fraîcheur intense, le vent accentue sensiblement l'impression de froid. Pour exprimer cette sensation, un indice de refroidissement éolien a été créé. Ainsi, lorsqu'il fait - 8 °C et que le vent souffle à 60 km/h, le ressenti sera de - 20. Vivifiant !

Comment *se forme* la rosée ?

▷ Grâce au refroidissement nocturne.

La plus grande partie de la vapeur d'eau présente dans l'air est invisible. Elle y reste en suspension comme beaucoup de gaz emmagasinés dans l'atmosphère. Pour voir cette eau, il faut que l'air se refroidisse et se sature en vapeur. Là, cette dernière se condense et passe d'un état gazeux à un état liquide.

Ce mécanisme est à l'origine de la rosée. Si on la retrouve le matin au réveil, c'est souvent la veille au soir qu'elle s'est installée. Mais comment ? Au crépuscule, l'air se refroidit progressivement.
Au même moment, la terre et les objets situés au sol renvoient la chaleur qu'ils ont accumulée durant la journée. Dans cette zone de conflit de température, l'air ne peut contenir l'eau sous forme de vapeur. Celle-ci se concentre alors en minuscules gouttelettes qui se déposent sur les brins d'herbe et tout ce qui se trouve au sol.

Le même phénomène de condensation se produit lorsque l'on sort une bouteille en plastique d'eau glacée du congélateur : en la transférant du froid à une atmosphère plus douce, elle se couvre de gouttes d'eau.

La rosée se forme plutôt après une nuit bien dégagée et peu venteuse. Si la température est négative, la pellicule humide devient gelée blanche.

AH BON ?

La rosée est un atout primordial pour la survie de certaines espèces animales. Au petit matin, de nombreux insectes étanchent leur soif dans ces gouttelettes. Pour les scarabées du désert du Namib, situé dans le sud-ouest de la Namibie en Afrique, la rosée et le brouillard sont même les seules sources d'humidité pour s'hydrater.

D'où *vienment* les **icebergs** ?

▷ De la calotte glaciaire.

Les icebergs, littéralement « montagnes de glace », naissent sous les latitudes polaires. Attention à ne pas faire d'amalgame : ces énormes glaçons flottants proviennent du front d'un glacier. Ce mur gelé subit les courants marins, les vagues et les marées lorsqu'il s'avance sur l'océan. Victime de son propre poids, il finit par se rompre et se fracture en énormes blocs de glace qui tombent dans l'eau. Rien à voir donc avec la banquise, cette couche de glace beaucoup plus fine qui se forme à la surface de la mer.

Comme des glaçons dans un verre d'eau, ces icebergs flottent à la surface des océans. Grands voyageurs, ils dérivent au gré des vents et des courants et sont redoutés des marins. Pourquoi ? Parce que leur partie émergée, visible hors de l'eau, ne représente que 10 % de leur volume total… Sous la surface, ils sont énormes ! Par collision, ils peuvent abîmer la coque des bateaux qui s'en approchent de trop près et provoquer leur naufrage.

Après un à deux ans de voyage, les icebergs finissent par fondre lorsqu'ils atteignent des eaux plus tempérées. Les plus gros blocs peuvent mettre une dizaine d'années pour disparaître !

AH BON ?

La taille des icebergs est variable. Les blocs les plus massifs atteignent une centaine de mètres de haut pour un poids de plusieurs millions de tonnes. Une collision avec ces masses impressionnantes peut avoir des conséquences vraiment dramatiques : en 1912, le paquebot Titanic percuta un iceberg en Atlantique Nord, ce qui causa son naufrage et le décès de 1500 personnes.

Qu'est-ce que la **mer** de *nuages* ?

▷ Une grande étendue de nuages dont s'échappent certains sommets montagneux.

Cette mer n'a rien de sympathique. En hiver, cette bande compacte de nuages bas stagne dans certaines vallées et prive leurs habitants de soleil. Les conditions météorologiques sont très différentes selon que l'on se trouve au-dessus ou au-dessous de cet amas de stratus.

Sous ce couvercle de nuages, dans les vallées ou les plaines, le temps est humide, désagréable et froid. Les températures s'inversent : on peut par exemple relever 0 °C à basse altitude contre 10 °C à plus de 1000 mètres. En effet, au-dessus de cette chape cotonneuse, les sommets profitent du soleil et d'un climat plus clément. Le plafond de cette couche nuageuse varie entre 400 et 1800 mètres d'altitude. Pour se former, la mer de nuages a besoin d'une situation anticyclonique stable. Elle apprécie particulièrement les journées d'automne et d'hiver où le soleil n'est pas suffisamment haut dans le ciel pour dissiper les nuages des fonds de vallées. Si l'on veut s'échapper de cette grisaille, il suffit parfois simplement de prendre un peu de hauteur.

AH BON ?

Pour dissiper cette mer de grisaille, il faut que la situation météorologique change. L'arrivée d'une perturbation, et surtout du vent, morcelle et dissipe les nuages bas. En été ou au printemps, cette bande de nuages résiste mal aux chauds rayons du soleil et finit par se désagréger au fil de la matinée.

Comment *s'arrête* une **tempête ?**

▷ En touchant terre.

Pour comprendre comment cesse une tempête, il faut d'abord savoir d'où elle vient et comment elle se forme. Cette perturbation météorologique trouve son origine dans l'énorme énergie et les vents produits par les conflits entre masses d'air froid et chaud. Les phénomènes les plus extrêmes, les ouragans, prennent naissance au-dessus des eaux chaudes des océans, un endroit propice pour opposer des fronts de températures différentes.

Prenons l'exemple du bassin Ouest Atlantique. Si les Caraïbes sont très touchées par les ouragans, c'est parce que le carburant nécessaire à leur formation se trouve abondamment présent dans ce secteur. Mais lorsque les tempêtes rencontrent un continent, leur carburant provenant de la chaleur tempérée des eaux océaniques vient à manquer. Petit à petit, elles s'affaiblissent et perdent progressivement leur potentiel pluvieux et venteux avant de cesser totalement. Ainsi les tourmentes qui naissent dans les Caraïbes et touchent ensuite de plein fouet les zones littorales d'Amérique du Nord réduisent très rapidement leur intensité faute d'énergie nécessaire pour s'alimenter.

Dans cette région, les ouragans qui ne touchent pas terre continuent leur chemin vers le nord. Lorsqu'ils rencontrent les eaux froides de l'Atlantique Nord, ils perdent leur potentiel destructeur et sont rétrogradés au stade de dépressions.

AH BON ?

Les tempêtes un peu moins dévastatrices d'Europe de l'Ouest ont le même cycle de vie. Leur potentiel venteux maximal est atteint sur les côtes atlantiques puis il décroît graduellement en cheminant vers l'est et l'intérieur des terres.

Comment *se forment* les **glaciers ?**

▷ **Progressivement, par accumulation et compactage de la neige.**

Les glaciers se forment exclusivement en haute montagne ou dans les régions polaires. Pour se nourrir et grandir, ils ont besoin de températures assez basses et de précipitations neigeuses régulières.

Pour créer ces immenses stocks de glace, il faut aussi que les chutes de neige soient plus importantes que la fonte des flocons pendant une très longue période. Dans ces conditions, les couches de neige se superposent et créent des accumulations. Sous l'effet de leur propre poids, ces strates de flocons se compriment et se soudent. Dans cette masse compacte, les cristaux des flocons se brisent et l'air est chassé.

En une dizaine d'années, la neige va se transformer en glace. Un glacier n'est pas un stock d'eau gelée mais une réserve de neige devenue de la glace. Attention donc à ne pas confondre cette masse de neige avec un simple névé. Si cette plaque neigeuse résiste une grande partie de l'été, elle finit inévitablement par fondre.

Au fait, combien de temps faut-il pour former une banquise ? *Réponse p. 83.*

AH BON ?

Soumis à des forces de compression importantes et sous l'effet de leur propre poids, les glaciers bougent et avancent perpétuellement. En zone de montagne, plus la pente est importante plus leur progression est rapide. Parfois, elle peut atteindre des centaines de mètres par an là où le dénivelé est le plus marqué, ou se limiter à quelques dizaines de mètres lorsque le relief est relativement plat.

Qu'est-ce que le **réchauffement** *climatique* ?

▷ Un changement du climat d'origine anthropique, c'est-à-dire provoqué par l'activité humaine.

Parler de réchauffement climatique est un abus de langage. Il serait plus juste d'évoquer un réchauffement global ou un changement climatique. Ce phénomène se caractérise par l'augmentation moyenne des températures depuis le milieu du XXe siècle. La notion de moyenne a ici une importance très particulière. Même si on observe parfois une ou deux années plus froides ou des diminutions de température très locales, le réchauffement est une évolution globale, progressive et qui touche toute la planète.

Ce changement climatique est aujourd'hui une réalité scientifique. La rapidité de la hausse actuelle du mercure est tout à fait inédite : entre 1900 et 2012, on estime cette augmentation à près de 1 °C en moyenne à la surface du globe.

Par l'émission croissante de gaz à effet de serre due aux activités industrielles et agricoles notamment, l'homme a une grande part de responsabilité dans cette évolution. Parmi toutes les répercussions de ce changement, on peut mentionner l'augmentation des périodes de sécheresse, la hausse du niveau des océans ou encore le renforcement des phénomènes cycloniques.

A l'avenir, les conséquences de ce réchauffement risquent de s'intensifier.

AH BON ?

Des chiffres éloquents permettent de se rendre compte de la rapidité et de l'actualité du réchauffement global. Les trois années les plus chaudes jamais observées depuis 1950 ont été 2015, 2016 et 2017.

LES AUTEURS

Thomas Blanchard, créateur du service de prévisions météorologiques Météo Alpes, anime également la page Facebook du même nom qui réunit plus de 50 000 abonnés.

Peggy Frey, journaliste et rédactrice en chef, écrit pour plusieurs magazines, sites web et organisations internationales.

© Olivier Savoy

Frédéric Michaud, illustrateur et dessinateur de presse, propose un univers graphique onirique et poétique.

---

salamandre

© Les Editions de La Salamandre - www.salamandre.net
Suisse : rue du Musée 4, CH-2000 Neuchâtel
France : BP 75, ZI rue Noirichaud, 25290 Ornans

Textes : Thomas Blanchard - Illustrations : Frédéric Michaud
Suivi éditorial et relecture : Peggy Frey et Benoît Richard
Conception graphique et mise en page : Pauline Maury
Révision : Edith Grunberg

Dépôt légal : septembre 2018 – ISBN : 978-2-940-58451-2
Imprimé par IME by Estimprim à Autechaux (France)

IMPRIM'VERT
Votre imprimeur agit pour l'environnement

PEFC
10-31-1093

Certifié PEFC

Ce produit est issu de forêts gérées durablement et de sources contrôlées.

pefc-france.org